AF586473

ARTICLES PARTICVLIERS EXTRAICTZ DES GENE-NERAVX QVE LE ROY

a accordez a ceux de la Religiõ pretendue reformée, leſquelz ſa Maieſté
n'a voulu eſtre compris eſdictz generaux ny en l'Edict qui a eſté faict &
dreſſé ſur iceux, Donne a Nantes au
mois de May dernier, Et neantmoins
Accorde ſadicte Maieſté qu'ils ſerõt
entieremẽt acõpliz & obſeruez, tout
ainſi que le contenu audict Edict, Et a
ces fins ſerõt Regiſtrez en ſes Courtz
de parlemẽt Et alieurs ou beſoing ſera, Et toutes de clarations Et lettres
neceſſaires en ſeront expediees.

M. D. CI.

I

LARTICLE Sixieſme dudict Edict Touchãt la liberté de Conſcience Et permiſsion a tous les ſubiectz de ſa Maieſté de viure & demeurer en ce royaulme & païs de ſon obeiſſance, aura lieu: Et ſera obſerué ſelõ ſa forme Et teneur, meſmes pour les Miniſtres, Pedagogues, que tous aultres profeſſeurs Et Maiſtres deſcolle, & generallement pour ceulx qui ſont Et ſeront de ladicte Religion, ſoient regnicolles ou autres, en ſe comportant au reſte, ſelon qu'il eſt porté par ledict Edict.

II

Ne pouront eſtre Ceulx de ladicte Religion contrainctz de contribuer aux reparations Et conſtructions des Egliſes, Chappelles, & preſbiteres, n'y a l'achap des ornemẽs ſacerdotaux, luminaires, fontes de cloches, pain benist, droict de Côfrairie louage de maisons pour la demeure des prebstres & Religieux & aultres choses semblables sinon qu'ilz y fussent obligez par fondations dotations ou aultres, dispositions faictes par eux ou leurs autheurs & predecesseurs.

III.

Ne seront aussi Contrainctz de tendre & parer le deuant de leurs maisons aux iours des festes ordonnees pour ce faire Mais seullement souffrir qu'il soit tendu & pare par l'authorité des Officiers des lieux sans que ceulx de ladicte Religion contribuẽt aulcune chose pour ce regard.

IIII

Ne seront pareillemẽt tenuz Ceux de ladicte Religion de recepuoir exortations lors qu'ilz seront malades ou prochains de la mort soit par condamnation de iustice ou aultrement, d'aultres que de la mesme Religió Et pourront estre visitez et cótolez de leurs ministres sans y estre troublez. Et quand a ceux qui serõt cõdamnes par iustice, lesdicts ministres les pourront pareillement visiter & consoler. Les visitans en la prison ypouront faire les prieres, Et hors ladicte prison les asisteret consoler sans faire prieres en public. sinon es lieux ou ledict exercice public leur est permis par ledict Edict.

V.

Sera loisible a ceux de ladicte Religion de faire ledict exercice public dicelle a Pimpoul Et pour Diepe au faubourg du Paulet Et seront lesdictz lieux de Pimpoul et du Paulet ordõnnez pour lieux de bailliages. Quant a Sanserre sera ledict exercice contynué comme il est a present, sauf a lestablir dans ladicte ville faisant apparoir par les habitans du consentemét du Seigneur du lieu à quoy leur sera pourueu par les Commissaires que sa Maiesté depputera pour l'execution de l'Edict Pourvoiront aussy lesdictz Comissaires a ceux de ladicte Religion des villes de Chaallons sur Marne, Vassy, & Vitry le François En leur permettant ledict exercice dans lesdictes Villes où Faulxbourgs d'icelles pendant la guerre, silz n'en peuuét iouir en seureté es lieux ou ilz le doibuent auoir par ledict Edict. Sera aussy ledict exercice libre & public restably dans la ville de mõtagnac au bas languedoc.

VI.

Sur Larticle faisant mention des bailliages a esté declaré et accordé ce qui sensuict. Premierement que pour l'establissement de l'exercice de de ladicte Religion es deux lieux accordez en chascun bailliage senechaussee & gouuernement, ceux de ladicte Religion nommeront deux villes, es faulxbourgs desquelles ledict exercice sera estably par les commissaires que sa Maiesté deputera pour lexecution de l'Edict, Et ou il ne seroit iugé a propos par eux Nómerót ceux de ladicte Religion deux ou trois bourgs ou villages proches desdites villes & pour chascune dicelles, dont l'esdictz commissaires en choisiront l'vn, Et si par hostilité contagion ou aultre legitime empeschement il ne peult estre contynué esdictz lieux, leur en serót baillez d'autres pour le temps que durera ledict empeschement. Secondement qu'au Gouuernement de Picardie ne sera pourueu que de deux villes aux faubourgs desquelles ceux de ladicte Religion pourrōt auoir l'exer cice d'icelle pour tous les Bailliages, senechaussees & Gouuernemēs qui en deppendent. Et ou il ne seroit iugé apropos de l'establir esdites villes, leur seront baillez deux bourgs ou villages commodes. Tiercement pour la grande estendue de la senechaussee de Prouence & balliage de viēnois sa Maiesté accorde en chacun desdictz bailliages & senechaussees vng troisiesme lieu, dont le chois & nomination se fera comme dessus pour y establir exercice de ladicte Religion, oultre les aultres lieux ou il est desia estably.

VII.

Ce qui est accordé par ledict article Pour lexercice de ladicte Religiō es bailliages Aura lieu pour les terres qui appartiennēt a la feue royne belle mere de sa *Maiesté* Et pour le Baili-

age

age de beau iolois.

VIII.

Oultre les deux lieux accordez pour lexercice de ladicte Religion par les articles particuliers de l'an mil cinq cens soixante dixsept es Isles de marennes & oleron, leur en seront donnez deux autres a la commodite desdictz habitans, sçauoir vng pour toutes les Isles de marennes, & vng aultre pour l'Isle D'olerõ

IX.

Les Prouisions octroyees par sa Maiesté pour lexercice de ladicte Religion en la ville de Mets sortiront leur plein & entier effect.

X.

Sadicte Maiesté veult & entend, que larticle vint septiesme de son Edict touchant l'admission de ceux de ladicte Religion pretendue reformee aux Offices & dignitez, soit obſerué & entretenu ſelon ſa forme & teneur, nonobſtant les Edictz & accords cy deuant faictz pour la reduction daulcuns Princes Seigneurs Gentil-hommes et villes Chatholiques en ſon obeiſſance, leſquelz n'auront lieu au preiudice de ceux deladicte Religion, qu'en ce qui regarde lexercice d'icelle. Et ſera ledict exercice reglé ſelon & ainſi qu'il eſt porté par les articles qui ſenſuiuent ſuyuant leſquelz ſeront dreſſees les inſtructions des commiſſaires que ſa Maieſté deputera pour lexecution de ſon edict ſelon qu'il eſt porté par iceluy.

XI.

Suyuant l'edict faict par ſa Maieſté pour la reductiondu ſieur Duc de-Guiſe lexercice de la religion reformee ne pourra eſtre faict ny eſtably dās les villes & faulxbourg. de Reims

Rocroy, sainct disier, guise, ionuille, moncornet, & ardennes.

XII.

Ne pourra aussi estre faict es aultres lieux es enuirons desdiste Villes et places deffendues par ledict de l'an mil cinq cens soixante dixesept.

XIII.

Et pour oster toute ambignite qui pourroit naistre sur le mot es enuirons. Declare sa *Maieste* auoir entendu parler dés lieux qui sont dans la banlieuë desdictes villes esquelz lieux lexercice de ladicte Religion ne pourra estre estably sinon q'uil y fust permis par l'edict de soixante dixsept.

XIIII.

Et daultát que par iceluy lexercice estoit permis generallement es fiefz possedez par ceux de ladicte Religion ſans que ladicte baulieue en fuſt exceptee: Declare ſadicte Maieſte que la meſme permiſsion aura lieu meſmes es fiefz qui ſeront dedans icelle tenuz par ceux de ladicte Religion ainſi quil eſt porté par ſon Edict donne a Nantes.

XV.

Suyuant auſſi l'Edict faict pour la reduction du ſieur mareſchal de la chaſtre En chaſcun des balliages dorleans et bourges ne ſera ordonné qu'vn lieu de bailliage pour l'exercice de ladicte Religion lequel neantmoings pourra eſtre Continué es lieux ou il leur eſt permis de le Continuer par lediſt Edict de Nantes.

XVI.

La Conceſsion de preſcher es fiefz Aura pareillemét lieu dans leſdictz bailliages en la forme portee

par

par ledit Edit de Nantes.

XVII.

Sera pareillement obserue l'Edict faict pour la reduction du sieur mareschal de boisdauphin, Et ne pourra ledict exercice estre faict es viles faulxbourgs, & places, amenees par luy au seruice de sa Maieste, Et quand aux enuirons ou banlieue dicelles y sera l'edit de l'an soixante et dixsept obserué mesmes es maisons de fief ainsiquil est porté par ledit Edict de Nantes.

XVIII.

Ne se fera aulcun exercice de ladicte Religion es villes faulxbourgs Et chasteau de morlais suiuant l'Edict faict sur la reduction de ladicte ville Et sera l'Edict de soixante dixsept obserué au Ressort d'icelle mesmes pour les fiefz selon l'edict de Nantes.

XIX.

En Consequence de l'Edict pour la reduction de Qumpercorantin ne sera faict aulcun exercice deladicte Religiõ en tout l'eueſcheé de Cornoville.

XX.

Suyuant auſsi l'edict faict pour la Reduction debeauuais l'exercice de ladicte Religiõ ne pourra eſtre faict en ladicte ville de Beauuais ny trois lieues a la rõde: Pourra neaulmoings eſt faict & eſtably au ſurplus de leſtédue du bailliage aux lieux permis par ledict de ſoixante dixſept meſmes es maiſons de fiefz: ainſi qu'il eſt porté par l'Edict de Nantes.

XXI.

Et daultant que l'edict faict pour la reduction du feu ſieur admiral de Vilars n'eſtoit que prouiſionuel & iuſques a ce que par le Royen euſteſté aultremẽt ordonné ſa Maieſté veult

et

et entẽd que nonobstant iceluy son Edict de Nantes ayt lieu pour les viles ressortz amenez en son obeissance par ledict sieur admiral comme pour les autres lieux de son Royaume.

XXII.

En suitte de lEdict faict pour la reductiõ du sieur de ioieuse l'exercice de la dicte Religion ne pourra estre faict en la ville de Thoulouze faulxbourgs d'icelle Et quatre lieues a la ronde ny plus pres que sont les villes de villemur carman & isle iordan.

XXIII.

Ne pourra aussi estre permis es villes dallet, frac, aurica & monstesquiou A la charge toutesfois, que sy ausdites Villes aulcuns de ladicte Religion faisoiẽt instãce dauoir vng lieu pour l'exercice dicelle Leur sera par les commissaires que sa Maiesté deputera pour l'executiõ de sõ Edict

ou

ou par les Officiers des lieux assignee pour chascune desdites villes lieu commode & de seur accez qui ne sera eslognee desdictes viles de plus d'vne lieue.

XXIIII.

Pourra ledict exercice estre estably selon Et ainsi qu'il est porté par ledict Edict de nâtes au Ressort de la Court de parlement de Thoulouze Excepte touteffois es balliages Et senechaussees et leurs resorts dont le siege presidial a esté ramené en l'obeissance bu Roy par ledict sieur duc deioieuse, ausquels ledict de soixâte dixsept aura lieu, entẽd touteffois sadicte Maiesté que ledict exercice puisse estre continué es endroicts desdicts bailliages Et senechausses ou il estoit du temps de ladicte reduction Et que la concessiõ dicelluy es maisons de fiefayt lieu dans iceux bailliages

Et

ſenechauſſees, ſelon qu'il eſt porté par ledict Edict de Nantes.

XXV.

L'edict faict pour la reduction de la ville dé Dijon ſera obſerué, et ſuiuãt iceluy n'y aura aultre exercice de Religion que de la catholique apoſtolilique et Romaine en ladicte ville & faulxbourgs d'icelle, ny quatre lieues a la ronde.

XXVI.

Sera pareillement obſerué l'edict faict pour la reductiõ du ſieur duc de Maienne, ſuiuãt lequel ne pourra l'exercice de ladicte Religion pret. ref. eſtre faict es villes de Chalon Seurre, et Soiſſons bailliage dudict Chalõ, es deux lieues es enuirons de Soiſſons durant le temps de ſix ans a commẽcer au mois de Ianuier mil cinq cẽs quatre vingtz ſeize, Paſſé: lequel tẽps y ſera l'edict de Nãtes obſerué cõme aux aultres endroicts de ce Royaume

XXVII.

Sera permis a ceux de ladicte Religion de quelque qualitéqu'ils soient, d'habiter aller et venir libremẽt en la ville de Lyon, et aux aultres villes et places du gouuernemẽt de Lionnois: Nonobstant toutes deffences faictes au contraiae par les sindicques et escheuins de ladicte ville de Lyon Et confirmées par sa Maiesté.

XXVIII.

Ne sera ordonné qu'vn lieu de bailliage pour lexercice de ladicte Religion en toutte la senechaussee de Poitiers, oultre ceux ou il est a presẽt estably, Et quand aux siefz, sera suiuy l'Edict de Nãtes, sera aussi ledict exercice cõtynué dãs la vile de chauuigny.

XXIX.

Ne pourra ledict exercice estre estably dans les villes D'age et Perigueus

encores

Encores que par *l'Edict* desoixante dixsept il y peult estre.

XXX.

Ny aura que deux *lieux* de bailliage pour l'exercice de ladicte *Religiō* en tout le gouuernement depicardie comme il a esté *dict* cy dessus, Et ne pourrōt lesdictz deux lieux estre dōnez dans le ressort du bailliage, & gouuernemēt reseruez par les Edicts faict sur la reduction D'amiens, Perōne, Abbeuille : Pourra touteffois ledict exercice estre faict es maisōs de fiefz par tout ledict gouuernement de Picardie selō et ainsi qu'il est porté par l'*Edict* de Nantes.

XXXI.

Ne sera faict aulcun exercice de ladicte *Religiō* en la vile et faulxbourgs de sens, et ne sera ordonné qu'vn lieu de bailliage pour l'*edict* exercice en tout le ressort du bailliage sans preiudice touteffois de la prouision accordee pour les maisons de fiefz laquelle aura lieu selõ l'edict de Nãtes.

XXXII.

Ne pourra semblablemẽt estre faict ledict exercice en ville & faulxbourg de Nantes et ne sera ordonné aulcun lieu de bailliage pour ledict exercice a trois lieues a la ronde de ladicte ville Pourra toutteffois estre faict es maisons de fiefz suiuant iceluy Edict de Nantes.

XXXIII.

Veult Et entend sadicte Maiesté que sondict Edict de Nantes soit obserué des a present en ce qui concerne l'exercice de ladicte Religion es lieux ou par les Edictz ou accordz faictz pour la Reduction daulcuns Princes Seigneurs gentilhommes et villes catholiques il estoit inhibé par prouisiõ tãt seulemẽt et iusq, a ce que aultrement feust ordonné, Et quant a ceux ou ladicte prohibition est limitée a certain têps, Passé ledict têps elle n'aura plus de lieu.

34.

Sera baillé a ceux de ladicte Relihion vng lieu pour la ville preuosté et viconté de Paris a cinq lieues pour le plus de ladicte ville auquel ils pourront faire exercice public d'icelle.

35.

En tous lieux ou lexercice de ladicte Religion se fera publicquemêt on pourra assembler le peuple mesme a son de cloche, et faire tous actes et functions appartenans tant a lexercice de ladicte Religion, qu'aux reiglemens de la discipline comme tenir consistoire colloques et synodes prouinciaux et nationaux par la permission du Roy.

36.

Les Ministres, Antiens, et diacres de

ladicte Religiõ ne pourrõt estre cõtrainctz de respondre en iustice en qualite de tesmoings pour les choses qui auront este reuelees en leurs cõsistoires lors qu'il sagist de censures eclesiastiques, sinon que ce feust pour choses concernant la personne du Roy ou a la conseruation de son Estat.

3 7.

Sera loisible a ceux de ladicte Religion qui demeurẽt aux chãps d'aller a lexercice dicelle es viles faulxbours et autres lieux ou il sera publiquemẽt estably.

3 8.

Ne pourront ceux de la Religion, tenir escolles publicques, sinon es villes et lieux ou lexercice public dicelle leur est permis: Et les prouisions qui leur ont cy deuant esté accordées pour lerection et entretenement

des

des colleges seront verifiées ou be-
soing sera et sortiront leur plein et
entier effect.

39.

Sera loisible aux peres faisans pro
fession de ladicte Religion de pour-
ueoir a leurs enffãs de telz educateurs
que bon leur sẽblera, et en substituer
vng ou plusieurs par testament codi-
cille ou aultre declaration passee par
deuant notaires, ou escripte et signée
de leurs mains: demeurans les loix
receues en ce royaume ordõances et
coustumes des lieux en leur force &
vertu pour les dations & prouisions
de tuteurs & curateurs.

40.

Pour le regard des Mariages des
prebstres et personnes religieuses
qui ont esté cy deuant contractez
sadicte Maiesté ne veult ny n'entend
pour plusieurs bonnes raisons et con
side

siderations qu'ils en soiétrecherchez ne molestez, et sera sur ce imposé silence a ses procureurs generaux et autres officiers dicelle, Declare neaulmoings sadicte Maiesté quelleentend que les enffans yssus desdictz mariages pourront succeder seulement es meubles acquestz et conquestz immenbles de leurs peres & meres, et au deffault desdictz enfans les parens plus proches et habilles a succeder, Et les testamens donations &aultres dispositions faictes ou a faire par personnes de ladicte quallité, des biẽs meubles acquestz et conquestz immeubles sont declarees bonnes et vallables, Ne veult touteffois sadicte Maiesté que lesdictz religieux & religieuses profex puissent venir a aulcune succession directe ny colaterale Ains seullement pourront prendre les biens qui leur ont esté ou seront

lai

laissez par testament donations ou aultre dispositiõs:Excepté touteffois ceux desdites successions directes et Colaterales, et quand a ceux qui auront faict profession auant l'aage porté par les ordonnances Dorleans et Blois sera suiuie et obserué en ce qui regarde lesdictes successions:La teneur desdictes ordonnances chacune pour le temps quelles ont eu lieu.

4 I.

Sa Maiesté ne veult aussy que ceulx de ladicte Religion qui auront cy deuant contracté ou contracteront cy apres mariages au tiers et quart degré en puissent estre molestes ny la vallidite desdictz contractz reuocquee en doubte ny pareillement la succesion ostee ny querellee aux enfãs naiz ou a naistre d'iceux, et quand aux mariages qui pourroiẽt estre ia cõtractez en secõd degré ou de second au tiers entre ceux de ladicte Religion, se retirans deuers sa Maiesté ceulx qui seront de ceste qualité et auront contraicté mariage en tel degré leur serõt baillees telles prouisions qui leur seront necessaires afin quils n'en soien recherchez ny mo lestez ny la succession querellee ny debatue a leurs ẽfãs

4 2.

Pour iuger de la validlidité des mariages faicts et contractes par ceux de ladicte Religion, et decider sils sont licites, si celluy dicelle Religion est different en ce cas le iuge Royal cognoistra du faict dudict mariages erou il seroit demandeur et le deffendeur catholique la cognoissance en apportiendra a l'official et iuges Eclesiastiques, et si les deux parties sõt de la Religion la cognoissance en appartiendra aux iuges roiaux: Voulãt sadicte Maiesté que pour le regard

des

desdict mariages et differéds qui suruiendront pour iceux les iuges eclesiastiques et roiaux, emsẽble les chãbres establies par son Edict en cognoissent respectiuement.

43.

Les donations et legatz faicts et a faire soit par disposition de derniere volonté a causede mort ou entre vifz pour l'entretenement des Ministres docteurs, escolliers, et pauures de ladicte Religion pretendue et reformé et autres causes pies seront vallables & sortiront leur plain et entier effect nonobstant tous iugemens, arrestz et aultres choses a ce contraires, sans, preiudice toutesfois des droicts de sa Maiesté et lautruy en cas que lesdicts egatz et donations tombent en main morte, et pourront toutes actions et poursuittes necessaires pour a ioissãce desdicts legats, causes pies et aultres droicts tant en iugement que dehors estre faictes par procureur soubs le nom du corps et communaulté de ceux de leglise, ou communaulte de ladicte Religió qui y aura interestz, et s'il se trouue quil ayt este cy denant dispose desdictes donatious et legatz aultremét quil n'est porte par ledict article ne s'en pourra pretendre aulcune restitution que sur ce qui s'en trouuera encore en Nature.

44.

Permect sa Maieste a ceux de ladicte Religion eux assembler pardeuant le iuge roial et par son authoritee esgaler et leuer sur eux telle somme de deniers qu'il sera arbitre estre neccessaire pour estre employee pour les fraiz de leurs sinodes et entretenement de ceux qui ont charge pour lexercice de leurdicte Religion, dont lon on baillera l'estat audict iuge royal pour icelluy garder, la Coppie duquel estat sera enuuoyee par ledict iuge roial de six en six mois a sadicte Maieste ou a son chãcelier, et serôt les taxes et impositions desdicts deniers executoires nonobstant oppositions ou appellations quelconques.

45.

Les Ministres de ladicte Religion seroient exempts des gardes et ronde logis de gens de guerre, et aultres assiette et cuillette de tailles, ensemble des tutelles et curatelles et commissions pour la garde des biens saisie par authorite de iustice.

46.

En cas que les officiers de sa Maieste ne pouruoient de lieux commodes pour les sepultures de ceux de ladicte Religion dans le temps porte par l'Edict apres leur requisition et qu'il ſoit vſe de longueur et remiſe pour ce regard, ſera loiſible a ceux de ladicte Religió déterrer les morts dans les Cimetieres des chatoliques aux villes & lieux ou ilz ſont en poſſeſsion de le faire iuſques a ce quil leur ſoit pourueu, Et quãd aux pour les enterremens de ceux de ladicte Religion faicts par cy deuant aux Cimetieres deſdicts catho. en quelque lieu ou ville que ce ſoit nentẽd ſadicte Maieſte quil en ſoit faict aulcune recherche innouation et pourſuitte et ſera enioinct a ſes officiers d'y tenir la main. Pour le regard de la ville de Paris oultre les deux Cimetieresque ceux de ladicte Religion y ont preſentement aſſcauoir celluy de la trinite et celluy de ſainct Germain, leur ſera baille vng troiſieſme lieu commode pour leſdictes ſepultures aux faulx bourgs ſainct honore, ou S. Denis.

Les

47.

Les Presidens et Conseilliers catholiques qui seruiront en la chambre ordonnée au parlement de Paris seront choisis par sa Maieste sus le tableau des Officiers dudict Parlement et y seront emploiez personnages equitables paisibles et moderez.

48.

Les Conseilliers de ladicte Religiō pretendue reformee qui seruiront en ladicte chambre assisteront si bon leur semble es proces qui se vuiderót par commissaires et y auront voix deliberatiue sans quilz aient part aux deniers consignez sinon lors que par lordre et prerogatiue de leur reception ilz y deburont assister.

49.

Le plus ancien President des chābres myparties presidera en l'audiance et en son absence le second et se

fera

fera la diſtribntion des proces par les deux preſidens ou alternatiuemẽt par mois ou par ſepmaines.

50.

Aduenant vacation des Officiers dont ceux deladicte religiõ ſont ouſeront pourueuz auſdites chambres de l'Edict, y ſera pourueu de perſonnes capables qui auront atteſtation du sinode ou colloque dont ils ſeront quils ſont deladicte Religion et gẽs de bien.

51.

L'abolition accordee a ceux de ladicte Religion pretendue reffor-mee par le lxx IIII. article dudict Edict, aura lieu pour la priſe de tous deniers roiaux, ſoit par ruptures de coffres, ou aultrement, meſmes pour le regard de ceux qui ſe leuoyent ſur la riuiere de charante encores quils euſſent eſte affectez et aſſignez a des

par

particuliers.

LII.

L'article Quarante sixiesme des articles secretz faictz en lannée mil cinq cens soixante dixsept touchant l'a ville et archeuesche Dauignon et cõté de Venise, ensemble le traicté faict a Nismes seront obseruez selon leur forme etteneur, et ne seront aulcunes lettres de marque en vertu desdictz articles et traictez, donneés que par lettres patentes du Roy seellees de sõ grand seau : Pourront neaulmoings ceux qui les voudrõt obtenir se pouruoir en vertu du present article, et sãs aultre commission pardeuant les iuges Royaux lesquelz informeront des contrauantions, deny de iustice et iniquité de iugement proposees par ceux qui desireront obtenir lesdictes lettres et les enuoiront auec leurs aduis clos et selles a sa Maiesté pour en estre ordonné comme elle verra estre a faire par raison.

LIII.

Sa Maiesté accorde & veult que maistre Nicolas grimoult soit restably et maintenu au tiltre & possession des offices de lieutenant general ciuil antien, et de lieutenant general criminel au bailliage Dalencon, Nonobstãt la resignatiõ par luy faicte a maistre Iehan marguerit reception dicelluy et la prouision obtenue par maistre Guillaume bernard de l'office de lieutenãt general ciuil et criminel au siege daxms et les arrestz donnez contre ledict marguerit resignateur durãt les troubles au cõseil priué es annees mil cinq cens quatre vingtz six quatre vingtz sept et quatre vingt huict, par lesquelz maistre nicollas barbier est maintenu es droictz et prerogatiues de lieutenant general antien audict

audict bailliage et ledict Bernard audict Office de lieutenãt a Exmes, lesquelz sa Maiesté a casses et adnullez et to⁹ aultres a ce cõtraires. Et oultre sadicte Maiesté pour certaines bõnes considerations a accordé et ordonné que ledict Grimoult remboursera dedans trois mois ledict Barbier de la finance quil a fournye aulx parties casuelles pour l'office de lieutenant general cinil et criminel en la viconté Dalencon, et de cinquante escuz pour les fraiz, cõmetãt a ceste fin le bailly du perché ou son lieutenant a mortaigne, et le rẽboursemẽt faict, ou biẽ que ledict Barbier soit refusãt ou dilaiant de le recepuoir sadicte, Maiesté a deffendu audict Barbier comme aussi audict Bernard apres la signification du present article de plus singererẽ lexercice desdictz offices apeine de crime defaux Et enuoie icelluy grimoult en la iouissance diceux offices et droictz y apartenans Et en ce faisãt les proces qui pendans estoient au Conseil priué de sa Maiesté entre lesdictz Grimoult, Barbier, et Bernard demeureront terminez et assouppis, deffendant sadicte Maiesté aux Parlemens et tous aultres d'en prendre cognoissance et ausdites parties d'en faire poursuitte, En oultre sadicte Maieste s'est chargée de rẽbourser ledict Bernard de mil escuz fourniz aux parties casuelles pour icelluy office et de soixãte escuz pour le marc dor & fraiz Ayant pourcest effect presentemẽt ordonnè bonne & suffisante assignatiõ de recouurement l'aquelle se fera a la dilligẽce & fraiz dudict Grimoult

LIIII.

Sadicte Maiesté escrira a ses embassadeurs de faire instance et poursuitte pour to⁹ ses subiectz mesmes ceux de ladicte Religiõ pret. reff. a ce quilz nesoiēt recherches en leurs consciēce ny subiects a linquisition, allans venās seiornans negotians et trafiquans par tous les pais estrangers allies et cōfederes de ceste Corōne, pourueu quilz n'offēcēt la pollice despais ou il serōt

LV.

Tous ceux de ladicte Religiō pret. reff. qui sont demeures titulaires des benefices serōt tenuz les resigner dās six mois a personnes catholiques Et ceux qui ont promesses de pensions sur lesdicts benefices en serōt paies, et lepaiemēt desdictes pēsions continué et seront ceux qui doiuent lesdites pēssions cōtrains. leur paier les arrerages sy aulcuns y a, Pourueu quilz aiēt actuellemēt iouy des fruictz diceux benefices, excepté toutesfois les arrerages escheus durāt les troubles

LVI.

Ne veult sa Maiesté quil soit faict

aulcune recherche de la perception des impositions qui ont esté leuees a Ro ian en vertu du contract faict auec le Sieur de Cambley et autres suittes en cõtinuation dicelluy, Vallidant et approuuant ledict contract pour le tẽps qu'il a eu lieu en sõ cõten iusqu. au huictiesme iour de may prochain.

LVII.

Les exceds aduenus en la personne D'armand courtines dans la vllle de *Millans* en lan mil cinq cens quatre vingts sept et de Iean remes et Pierre singnret ensemble les porceddures faictes contre eux par les consuls dudict *Millans*, demeurent abollies et assouppies par le benefice de l'edict sans qu'il soit loisible a leurs veufues et heritiers ny aux procureurs generaux de sa Maiesté leurs substituds ou aultres personnes quelconques d'en faire mentiõ recherche ny poursuicte

non

nonobstant et sans auoir esgard a larrest donné en la chambre de Castres le dixiesme iour de mars dernier lequel demeurant nul et sans effect ensemble toutes les informations et precedures faictes de part et daultre

LVIII

Toutes poursuittes preceddeures Sentences iugemẽs et arrests donnes tant contre le feu Sieur de la Noue, que contre le Sieur Odet de la Noue son fils depuis leurs detentions & prisons en flãdres, aduenues au mois de may mil cinq cens quatre vingts, et de nouembre mil cinq cens quatre vingts quatre et pendant leur continuelle occupation au faict des guerres & seruice de sa Maiesté, demeureront casses et annulles et tout ce qui sen est ensuiuy en consequẽce diceux et seront lesdicts de la Noue receuz eu leurs deffẽces et remis en tel estat

quils

quils estoient auparauant lesdicts iugemens et arrests sans quils soient tenus refonder les despens ny consigner les amandes sy aulcunes ils auoiét encourues ny qu'on puisse alleguer contre eux aulcune perenption dinstance ou prescription pendãt ledict temps.

Faict par le Roy estant en son Conseil a Nantes l'e deuxiesme iour de may mil cinq cẽs quatre vingts dixhuict.

www.ingramcontent.com/pod-product-compliance
Lightning Source LLC
LaVergne TN
LVHW012017160826
845678LV00002B/886